MARIE DE CLÈVES

PRINCIPAUX OUVRAGES DU MÊME AUTEUR :

BROCHURES
Formats divers.

Le lai de la dame de Fayel. — Célébration de la paix des Pyrénées a Saint-Quentin en 1660. — Fragments d'histoire locale : Mayeurs et échevins. — Notes et documents sur Beffroy de Reigny dit le cousin Jacques.

Format in-8° raisin.

Notice nécrologique sur Charles Cave, discours de réception lu à la Société académique de Saint-Quentin dans la séance du 21 février 1872. — Rapports sur le concours d'histoire locale à la Société académique de Saint-Quentin, lus dans les séances publiques des 30 juin 1872 et 31 mai 1874. — Les ambassadeurs de Siam a Saint-Quentin en 1686. — Etude sur les vitraux de la Collégiale de Saint-Quentin (1re partie). — Les habitants de Saint-Quentin en 1557. — Saint-Quentin, son histoire et ses monuments. — Notice sur les stations préhistoriques d'Itancourt (Aisne). — Notice sur un reliquaire de Saint-Quentin. — Etude historique sur Valentine de Milan. — Le dolmen de Neuvillette (Aisne). — Notice sur le menhir et la station néolithique de Tugny. — Notice sur le cimetière mérovingien de Tugny. — Les gouverneurs de la ville de Saint-Quentin. — Documents inédits sur M.-Q. Delatour. — Le chateau de Marchais. — Le siége de Rouen en 1418. — Notices sur le canton de Vermand : coup d'œil général, Aubigny; Beauvois; Holnon. — Lettres de Philippe-le-Bon, duc de Bourgogne, a la ville de Saint-Quentin.

VOLUMES
Format in-8° raisin

Histoire de la compagnie des canonniers-arquebusiers de la ville de Saint-Quentin (1461-1790). Ouvrage couronné par la Société des Antiquaires de Picardie. — Histoire de la ville de Saint-Quentin. — Histoire de l'abbaye Notre-Dame de Vermand.

EN COLLABORATION :

Le Vermandois, revue d'histoire locale, beaux-arts et littérature. (1873 et 1874) 3 vol. in-8°.

ETUDE HISTORIQUE

SUR

MARIE DE CLÈVES

PAR

GEORGES LECOCQ

Secrétaire·Général, Archiviste de la Société Académique de Saint-Quentin, Membre
de la Société de l'Histoire de Paris et de l'Isle de France, de la Société
Linéenne du Nord de la France, titulaire non résidant de la Société
des Antiquaires de Picardie, Correspondant de l'Orient
Latin, et des Sociétés savantes, de
Cambrai, Compiègne, Laon,
Noyon, Vervins,
etc., etc.

SAINT-QUENTIN
Imprimerie Ch. POETTE, rue Croix-Belle-Porte, 19.

1875

Tiré à 50 exemplaires

VIE D'UNE GRANDE DAME AU XVe SIÈCLE

MARIE de CLÈVES

PRÉFACE

Rien de terrible et de gracieux tout ensemble comme l'histoire du XVe siècle, où se pressent nombreux, graves, saisissants les faits les plus considérables, au milieu d'une cour souvent légère, élégante, spirituelle. Dans ce tableau, à la fois éclatant et sombre, gai et lugubre, où rayonne le sublime héroïsme de Jeanne d'Arc et où nous apparaissent, éclairées par la flamme sinistre du bûcher de Rouen, les fêtes de Charles VII, ou les froides tours du château de Plessis, il est une figure, peu importante sans doute, mais aimable et charmante, qui s'appelle Marie de Clèves. Nous allons l'étudier rapidement et en esquisser les principaux traits ; nous verrons ensuite par l'inventaire dressé à Chauny quelles richesses artistiques et littéraires elle possédait ; nous connaîtrons ainsi la vie privée et publique d'une noble dame à cette époque de dévouement et de galanterie, de patriotisme et d'insouciance, de terreurs et de joies, de triste réalité et de douce poésie.

I

Marie de Clèves, duchesse d'Orléans, de Milan et de Valois, comtesse de Blois, de Paris et de Beaumont, dame d'Ast, de Chauny et de Coucy, naquit le 9 septembre 1426 d'Adolphe IV, duc de Clèves et de Marie de Bourgogne, fille de Jean-sans-Peur. Elle fut élevée à la cour brillante de son oncle Philippe de Bourgogne.

En 1440, Philippe et Isabelle de Portugal, sa femme, négocièrent le mariage de la jeune princesse avec Charles d'Orléans qui revenait d'Angleterre après une longue captivité. La cérémonie eut lieu à Saint-Omer. « Le 6 novembre furent célé-
» brées dans l'abbaye de Saint-Bertin les fiançailles
» de Mademoiselle de Clèves avec le duc d'Orléans.
» Huit jours après (1), le mariage fut célébré avec
» une pompe extraordinaire. On avait fait venir
» de tous côtés de grandes provisions pour la
» foule assemblée à Saint-Omer. Le duc de
» Bourgogne défrayait son noble cousin avec
» magnificence : on n'avait rien vu de plus beau
» depuis longtemps (2). »

Enguerrand de Monstrelet, en sa chronique, donne de curieux détails : « Et en après, le
» samedi devant la saint Andrieu, épousa le dessus

(1) Derheims (Histoire de Saint-Omer) dit que ce mariage avait été décidé le 15 octobre à Gravelines et eut lieu le 26 du même mois. D'après Dom Plancher (Histoire de Bourgogne) ; le contrat aurait été passé en Angleterre, puis ratifié le 16 à Saint-Omer.
(2) De Barante. Histoire des ducs de Bourgogne.

» dit duc d'Orléans ladite damoiselle de Clèves ;
» et le lendemain, qui étoit dimanche, fut faite la
» fête très honorable. Et étoit grand'noblesse à
» veoir les seigneurs et les dames mener à l'Eglise.
» Et menait ledit duc de Bourgogne sa nièce en
» la tenant par la senestre main. Et au droit côté
» étoit, sur le derrière, messire Jean, bâtard de
» Saint-Pol, le seigneur de Hautbourdin, qui por-
» toit la manche de ladite duchesse d'Orléans, et
» une dame portoit la robe par derrière qui moult
» étoit riche. Et après, un petit plus derrière, sui-
» voit le duc d'Orléans qui menoit la duchesse de
» Bourgogne, accompagnée des plus grands sei-
» gneurs comme des comtes d'Eu, de Nevers,
» d'Etampes, de Saint-Pol, de Dunois, et si y avoit
» très grand nombre de grands seigneurs, cheva-
» liers et écuyers, dames et damoiselles....

» Et la messe finie, on alla dîner, et fut la du-
» chesse d'Orléans assise en la grand'salle (1) au
» milieu de la table, et au droit lez étoit ledit ar-
» chevêque (2) qui avoit célébré la messe et de
» l'autre côté, au lez sénestre, étoit la duchesse de
» Bourgogne ; si étoient aussi les comtesses
» d'Etampes et de Namur..... (3) »

Des joûtes eurent lieu *sur le marchié* (4) et le soir il y en eut d'autres (5) dans une des salles hautes de l'abbaye.

---

(1) Dans l'abbaye de Saint-Bertin.
(2) L'archevêque de Narbonne.
(3) Monstrelet. Ch. CCLII.
(4) Derheims. — Monstrelet.
(5) Monstrelet.

Les fêtes durèrent dix jours pendant lesquels on déploya une pompe inaccoutumée. C'est à la même époque qu'eut lieu, à Saint-Omer, la sixième assemblée de l'ordre de la Toison d'or, où fut juré par tous les chevaliers présents le maintien du traité d'Arras. Le duc de Bourgogne conféra l'ordre de la Toison d'or à Charles qui, à son tour, créa son oncle chevalier de l'ordre du Camail ou du Porc Epic (1).

La princesse ne connaissait pas son mari qui, touchant à la cinquantaine, était veuf de deux premières femmes Isabelle et Bonne d'Armagnac (2); mais le duc de Bourgogne, principal auteur de ce mariage, n'avait d'autre vue que de gagner une grande influence auprès de Charles VII. La politique fut donc le seul but de cette union pour laquelle on ne consulta guère les sympathies des futurs époux.

Philippe V prit à sa charge tous les frais de la cérémonie. La rançon du duc d'Orléans ne lui coûtait pas moins de 30,000 écus d'or (3). Il fit en outre don à sa nièce de 100,000 saluts d'or (4) à la condition que, par le duc d'Orléans, ils seraient

---

(1) Derheims. — De Barante.
(2) Isabelle, fille aînée de Charles VI et veuve de Richard II d'Angleterre mourut en 1409, trois ans après son mariage avec Charles. Bonne, qui épousa ce prince en 1410, mourut en 1415.
(3) 400,000 livres tournois, près de 4,000,000 de francs (Art de vérifier les dates).
(4) Ces *saluts* avaient été frappés par Henri VI, roi d'Angleterre, lorsqu'il était maître de Paris. 100,000 saluts devaient peser 1,587 marcs, 2 onces 3 gros 21 grains, ce qui, à raison de 828 livres 12 sous le marc, produirait 1,315,237 livres 19 sous 2 deniers (Art de vérifier les dates).

assis sur les comtés de Soissons et de Conti qui, par ce moyen, deviendraient propres à la princesse de Clèves, en cas de dissolution du mariage. Le douaire accordé à Marie était de 6 à 8,000 livres de revenus, assignés sur le duché de Valois et dépendances.

Au commencement de l'année 1441, les Etats de Bourgogne, tenus à Dijon, accordèrent des subsides pour subvenir aux frais de la délivrance du duc d'Orléans et de son mariage avec Marie de Clèves (1).

Les réjouissances terminées, les deux époux, après s'être rendus en pèlerinage à Boulogne-sur-Mer (2), partirent, en compagnie du duc et de la duchesse de Bourgogne, pour la ville de Bruges dont les habitants vinrent « moult piteusement » faire leur soumission, car ils craignaient le ressentiment de Philippe ; mais Marie intercéda pour eux et obtint leur grâce. De là, on se rendit à Gand, Tournai, Valenciennes, Le Quesnoy et Cambrai. Charles allait partir pour Saint-Quentin « mais aucuns de ses gens lui donnèrent à entendre « qu'il y avoit grand péril pour lui et sa compa- » gnie d'aller ce chemin, pour ce qu'il falloit pas- » ser par aucuns détroits près de la forteresse de » Messire Jean de Luxembourg qui encore n'avoit » point fait le serment de la paix d'Arras (3). »

(1) Dom Plancher.
(2) Derheims.
(3) Monstrelet veut évidemment parler du château de Beaurevoir qui commandait la route de Cambrai à Saint-Quentin; c'est en ce château que fut enfermée Jeanne d'Arc avant d'être livrée à ses bourreaux.

A la nouvelle de la mort de Jean de Luxembourg, il vint avec sa femme à Saint-Quentin, puis ils passèrent à Noyon, Compiègne et Senlis pour arriver à Paris le 14 janvier 1441 (1). Les ovations que leur firent les villes où ils passaient et le grand appareil qu'ils déployèrent (2) déplurent au roi : il ne voulut pas les recevoir en aussi nombreux cortége. Huit jours après, le duc et sa femme quittèrent Paris et partirent pour Blois (3).

En juin 1444, le duc et la duchesse d'Orléans allèrent à Nancy où Charles VII tenait cour plénière. Parmi les personnages accourus à cette solennité se trouvait, dit Vallet de Viriville, un jeune gentilhomme qui avait servi le frère de Marie de Clèves, en qualité d'écuyer, et que la duchesse avait connu à la cour de Bourgogne. L'auteur de la *Chronique de Lalain* (4) raconte en termes curieux les avances gracieuses de la duchesse à ce jeune écuyer qui sut observer une conduite habilement platonique.

Trois ans après, quand Charles d'Orléans descendit dans le Milanais, où il voulait revendiquer les droits qu'il tenait de Valentine de Milan (5), sa femme l'y accompagna : cette tentative échoua. En 1449, le duc abandonna complétement la vie politique pour laquelle il était si peu fait et se

---

(1) Journal d'un bourgeois de Paris.
(2) D'après M. de Barante, ils avaient des archers et un train de plus de trois cents chevaux.
(3) De Barante.
(4) G. Chastelain. — Chronique de J. de Lalain. (collection Buchon).
(5) Voir notre *Etude historique sur Valentine de Milan*.

retira au château de Blois. Dès lors, Charles et Marie menèrent une existence toute nouvelle, existence calme et opulente, uniquement consacrée à la littérature (1). Leur cour ne fut composée que de beaux esprits qui se livraient, sous leur direction, aux délassements de la poésie. Le château devint une école de bon langage, une sorte de Parnasse qui comptait parmi ses adeptes non-seulement les poètes et les ménestrels les plus renommés, mais encore les plus riches seigneurs de l'époque. Le roi de Sicile (2), le comte de Nevers, le comte d'Alençon, le comte d'Etampes s'exercèrent à ces luttes intellectuelles « tournois de civilisation et de bon goût, où l'on joûtait à bien dire, à gracieusement raconter les peines de l'âme, les plaisirs de la vie, les charmes et les bonnes grâces des Dames (3). »

Marie de Clèves suivit naturellement son mari dans cette voie où elle prit un rang distingué : « Combien, continue Champollion, ne dut pas ajouter de charmes à ces rivalités intestines mais pacifiques la part que la duchesse d'Orléans venait prendre, non sans quelques avantages, à ces combats littéraires... Dans ses écrits, on voit poindre de toute part cette douce mélancolie et cette tristesse résignée qui distinguent les compositions du prince et qui nous révèlent dans le goût et dans l'esprit des deux époux une con-

(1) Champollion Figeac : *Louis et Charles d'Orléans.*
(2) Réné d'Anjou.
(3) Champollion, op. cit.

formité d'humeur bien propre à resserrer les liens qui les unissaient. » De ses œuvres détachons les deux pièces suivantes :

Rondel

En la forest de longue attente
Entrée suis en une sente
Dont oster je ne puis mon cueur,
Pourquoy je viz en grande langueur
Par fortune qui me tourmente
En la forest de longue attente.

Souvent espoir chascun contente,
Excepté moy, povre dolente,
Qui nuyt et jour suis en douleur
En la forest de longue attente.
Ay-je donc tort se me garmente (1)
Plus que nulle qui soit vivente ?
Par Dieu, nennil, veu mon malheur,
Car ainsi m'aist mon créateur
Qu'il n'est peine que je ne sente
En la forest de longue attente.

Rondel

L'habit le moyne ne fait pas,
Car quelque chière que je face,
Mon mal seul tous les autres pace,
De ceux qui plaignent tant leur cas.
Souvent en dansant fais mains pas
Que mon cueur près en dueil trespace...
L'habit le moyne ne fait pas.

Las ! mes yeux jectent sans compas
Des larmes tant parmy ma face,

(1) Si je me plains

Dont plusieurs foiz change de place
Alant à part pour crier bas !
L'habit le moyne ne fait pas (1).

Le 27 juin 1462, la duchesse mit au monde un fils qui devait monter sur le trône de France sous le nom de Louis XII : « L'année d'après le cou-
» ronnement du roy Louis, rapporte un chroni-
» queur de l'époque (2), Madame d'Orléans accou-
» cha à Blois d'un beau fils que le Roy tint sur les
» fons et le nomma Louys comme luy.... Durant
» ces couches se feirent de grandes chères à
» merveilles, qui seroient bien longues à mettre
» par escrit. »

Dix-huit mois après, la duchesse perdit son mari : « Le quatriesme jour de janvier en l'an de
» l'incarnation Nostre Seigneur mil quatre cent
» soixante quatre, cloist son dernier jour, en l'âge
» de soixante dix ans environ, Charles, duc d'Or-
» léans, lequel délaissa un fils nommé Loys, de
» l'âge de trois ans, et une fille de l'âge de huit à
» neuf ans....... Il mourut comme bon chrestien
» doibt faire entre le Noël et Caresme (3). »

» Et ne pourroit-on croire le grand dueil qu'en
» demena la bonne madame d'Orléans, soy voyant
» veufve, avoir perdu un si très noble espoux (4). »

(1) C'est à tort que l'abbé Gervais de la Rue, au tome III, p. 223, des *Essais historiques sur les Bardes*, etc., attribue ces poésies à Bonne d'Armagnac.
(2) Saint Gelais, *Histoire de Louis XII*.
(3) Mémoires de J. de Clercq.
(4) Saint Gelais.

Dès lors, les documents sur Marie de Clèves deviennent de plus en plus rares. Veuve et douairière d'Orléans, cette princesse eut l'administration des biens de son fils, suivant acte passé à Blois le 12 juin 1467 (1), reçut le 26 janvier suivant 12,000 livres pour sa pension d'une année (2), puis se remaria à un gentilhomme artésien, Jean de Rabodanges, seigneur de Boncourt, capitaine de Gravelines, gouverneur et bailli de Saint-Omer. Elle fit faire des tapisseries sur lesquelles on voyait des rabots et des anges, avec ces mots : *encore n'est-il que rabots d'anges* (3).

Elle se retira à Chauny où, n'échappant pas aux préjugés de son temps, elle fit juger, condamner et brûler des sorcières (4). Elle y mourut en 1487; de là, son corps fut transporté aux Cordeliers de Blois où elle avait élu sa sépulture et fondé un service. Bernier (5) dit que tous les ans, le jour de la fondation de ce service, les échevins de la ville y assistaient. Le même auteur nous rapporte que la princesse fut inhumée dans la chapelle des saints Hippolyte et Adrien (6), et transportée plus tard aux Célestins de Paris.

Marie de Clèves laissa trois enfants :

1º Louis XII ;

(1) Le Père Anselme : Histoire généalogique de France.
(2) Ibid.
(3) Vallet de Viriville.
(4) Voir à ce sujet dans le *Vermandois*, t. I, p. 385, le travail de notre regretté collaborateur et ami F. le Proux.
(5) Histoire de Blois.
(6) Au XVIIe siècle, les armoiries de cette princesse se voyaient encore sur les vitraux de la chapelle.

2° Marie d'Orléans, épouse de Jean de Foix, vicomte de Narbonne (1) ;

3° Anne d'Orléans, abbesse de Fontevrault en 1478, et de Sainte-Croix de Poitiers en 1485 (2).

Jean de Clercq et Bernier ne citent que deux enfants, celui-ci est ainsi en contradiction avec lui-même puisqu'il publie dans les preuves de son histoire de Blois une lettre qui ne peut laisser aucun doute sur l'existence d'une seconde fille.

Cette lettre est adressée à Madame de Beaujeu, sœur de Charles VIII, la voici :

Madame, je n'ay refuge for à vous seule, pourcoy je viens à vous suppliant qu'il vous plaise avoir pitié de ma fille de Fois, laquelle m'a envoyé secretement un homme me prier que je fisse tant envers vous que son mari l'envoyast quérir : car deux ans y a que il ne la vist ; mais pis y a, car elle n'a que boire ne que manger, ne que vestire, et si ne fust une petite fille qu'elle a regret à laisser, elle étoit délibérée venir à pied quérant son pain qui m'est chose dure à porter, car je ne aime que elle seule et plust à Dieu que les autres deux fussent en paradis et qu'elle fust par deça ; mais, Madame, ne dites rien à mon fils son mari qu'elle s'est plainte à moy, car elle seroit perdue : Madame, s'il vous plaist, aiez pitié d'elle et pensez vostre cueur à autruy et la mettez où que qu'il plaise au Roy, et vous serez plus seure de mon fils

---

(1) Et non de Pierre de Bourbon, seigneur de Beaujeu comme le dit le Père Anselme.

(2) P. Anselme.

de Fois. Mais, Madame, ma fille de Fontevrault envoyez là à Poitiers ou à la Magdeleine à Orléans, car Macé de Villebresme, frère de vostre maistre d'hostel, a feint d'estre maistre dont il y eut trois mois à Fontevrault, et toute l'assemblée s'est faite là et fait là encore, et faites prendre le prieur de Saint-Ladre, car il set tout comme saurez par le porteur. Madame, sachez tout, et ce que ma fille voise servir Dieu à ladite Magdeleine, et la sœur de Monsieur de l'Isle en sera contente, qui dit ses heures avec elle, qui est bonne et seure; si cette fille l'eust creue, elle n'eust pas fait tant de folies. Or, Madame, je me recommande très humblement à vostre bonne grâce, en vous recommandant ma pauvre fille de Foix, et que son mari ne sache riens qui vient de moi ni d'elle. Madame, mon maistre d'hostel est arrivé à cette heure et m'a dit plusieurs choses que j'ay dit de bouche à ce porteur. Or, Madame, prenez courage et montrez-vous vertueuse, punissez ceux qui sont contre le Roy plus asprement que n'auriez fait jusqu'ici où ils vous feront mourir et le Roy, s'ils peuvent, et on dit déjà que estes bien lâche et que les craignez parce que avez laissé passer pour aller en Bretagne. Madame, je prie Dieu qu'ils vous doint tout vostre désir, etc.

CLÈVES.

Si nous devons en croire cette lettre, nous y trouvons de tristes renseignements sur le caractère de la duchesse d'Orléans, ses sentiments maternels et ses préférences pour le moins singuliers, ainsi que sur son intérieur de famille qui ne paraît pas avoir été heureux.

II

La vie publique et privée des grands était réglée par les lois rigoureuses d'une sévère étiquette. Un ouvrage trop peu connu, publié par La Curne de Sainte-Palaye dans ses *Mémoires* sur l'ancienne chevalerie, et réédité par *le Cabinet historique*, contient à ce sujet les détails les plus intéressants ; l'auteur de ce récit, d'une importance relative, était Aliénor de Poitiers, vicomtesse de Furne, qui s'était attachée particulièrement à décrire le cérémonial des cours de France et de Bourgogne. Elle nous servira de guide dans une grande partie de cette étude.

« J'ai ouy dire que Mme d'Orléans (Marie de Clèves), quand elle fut au Quesnoy, lorsqu'elle parloit de Madame d'Orléans (Jeanne de France) sa belle-fille (quy est sœur du roy à présent Charles huitiesme du nom) et fille du roy Louys (Louys XI) qu'on appeloit Madame d'Orléans, le plus du temps elle disoit Madame ma fille, touttefois Monsieur d'Orléans son fils est Louys, duc d'Orléans, depuis Louis XII, est et sy prez de la couronne que sy le roy mouroit mondit seigneur d'Orléans seroit roy.

« Mme d'Orléans (Marie de Clèves) à présent et fille du ducq de Clèves, let sa mère (Marie de Bourgogne) est sœur aisnée du ducq Philippe de Bourgongne, et demeura à la cour de Monsieur le ducq Philippe, son oncle, tant qu'elle se maria à Monsieur d'Orléans (Charles ducq d'Orléans, chevalier de la Toison d'or) et luy donna Monsieur le ducq Philippe son mariage, et furent les nopçes faites à Saint-Omer (l'an mil quatre cent quarante), comment j'ouys dire à madame ma mère.

« Quand ma dicte dame d'Orléans fut mariée, l'on disoit que parce que monsieur le ducq d'Orléans estoit plus prochain de la couronne que Monsieur le ducq Philippe n'estoit, que Madame d'Orléans debvoit aller devant Madame la duchesse de Bourgongne ; touttefois Monsieur d'Orléans deffendit à madame sa femme qu'elle n'allast point devant Madame la duchesse sa belle-tante ; car, comme il disoit, elle estoit fille de roy, et sy avoit espousé un ducq sy puissant et si noble qu'elle debvoit bien aller devant. Pareillement Monsieur le ducq Philippe ne vouloit point que Madame la duchesse allast devant pour l'honneur de la couronne dont il estoit plus prochain que luy ; et ainsy comme j'oys dire ces deux princesses se faisoient grand honneur l'une à l'autre, et de faict elles alloient partout devant (1). J'ay ouy raconter que (l'an mil quatre cent et soixante) quand le roy (Louys XI) fit son entrée à Paris, là où le ducq Philippe estoit et Monsieur d'Orléans (Charles duc d'Orléans) alloit devant, et aucuns demandoient au ducq Philippe pourquoy il le souffroit, j'ouys dire qu'il respondit que Monsieur d'Orléans estoit le plus vieux ; touttefois à coronner le roy, le ducq

(1) C'est-à-dire qu'elles se cédaient mutuellement le pas.

de Bourgongne va devant tous, car il est le premier pair et doyen.

» Et sy ay ouy dire qu'à tel honneur(2) le mareschal de Bourgongne va devant cestuy de France. Et pour le débat quy a esté dernièrement entre le mareschal de France et cestuy de Bourgongne, à l'entrée du roy Charles à présent (Charles VIII) a esté ordonné que partout ils iroient l'un devant l'autre, puis l'un, puis l'autre ; ce qu'a esté fait au grand regret du mareschal de Bourgongne, car il disoit que continuellement il debvoit aller devant. Le roy n'en avoit point ordonné parce que son entrée fut trop subite, et pour ce ils alloient partout l'un devant l'autre ; et au soir, quand le roy souppa à la table de marbre au palais, il fut ordonné que les deux mareschaux n'y soupperoient pas pour leur débat, et fut dit que Monsieur le mareschal de Bourgongne iroit souper avec Madame de Beaujeu (Anne de France) sœur aisnée du roi, et l'autre avec Madame d'Orléans (Marie de Clèves) mère de Monsieur d'Orléans à présent. Monsieur le mareschal de Bourgongne ne fut pas content de cette ordonnance, toutefois la cause demeura ainsy pour cette fois, et fut cette entrée du roy l'an mil quatre cent quatre vingt et quatre. »

Les usages qu'Aliénor de Poitiers passe successivement en revue peuvent s'appliquer d'une façon spéciale à la duchesse d'Orléans ; nous allons donc voir rapidement ce qui se faisait lors de l'accouchement des dames de grande famille, dans

(2) Au couronnement.

les baptêmes, les deuils, les repas et la vie à la cour:

« J'ai veu gésir plusieurs grandes dames à la cour, comme la vicedamesse d'Amiens et aultres, mais elles n'avoient qu'un grand lict (1) et deux couchettes dont l'une estoit à un cornet (2) de la chambre et l'aultre devant le feu, et pavillon de soye, et le grand lict et la chambre tendues d'herbages (3) ou de personnages, comme les tapisseries estoient, mais toujours les courtines estoient de soye quand on le pouvoit avoir, et le grand lict et les couchettes estoient tous couverts de menu vair, et dessus fin drap de crespe empesé, et traînoient le couvertoir et les draps bien une aulne autour, et est à sçavoir que les couvertoirs sont de drap violet fourré dessus de menu-vair et la panne passe, le drap bien demy aulne tout autour, et quand on couvre le lict faut toujours que la panne soit dehors, et si faut que le menu vair soit du long du couvertoir, le poil en allant vers les pieds..... »

La chambre devait être tapissée de « tapis velus aussy plaine qu'on la peut mettre jusques à l'entrée de l'huys, »

Sur le grand lit et sur les couchettes, on plaçait de petits carreaux de soie ou de velours, huit, dix et plus.

---

(1) Habituellement on en avait deux.
(2) Coin.
(3) Tapisseries de verdure, voir ci-dessous à l'inventaire, et aussi Molière, l'Amour-Médecin, acte I. scène I. Ces tentures sont généralement d'un décors très agréable et garnissent agréablement les murs; elles remontent à une très ancienne date et la mode n'en est pas encore passée. Voir à ce sujet les intéressants articles de M. Ch. Blanc, dans le Temps, 1875.

Le meuble qui jouait le principal rôle était le *dressoir*, sorte de buffet à étages et à dossier, recouvert d'un dais garni de soie ou de velours (1). Il servait à étaler la vaisselle plate dont les seigneurs faisaient parade dans les grandes circonstances.

Voici l'ordonnance d'un dressoir dans les chambres d'accouchées : les rayons étaient chargés de vaisselle, coupes, flacons, aiguières, tasses, etc. Sur la partie large il y avait, outre les flacons et les coupes, deux drageoirs et deux flambeaux de cire dans des chandeliers d'argent, « lesquels flambeaux on fait ardoir quand quelqu'un vient à la chambre. » Deux torches brûlaient en avant. Les drageoirs étaient remplis de dragées, couverts de serviettes fines et placés à chaque bout du dressoir.

Auprès du chevet il y avait une chaise à dos couverte de velours ou de drap de soie, et à côté de la chaise « en petit blanc sans appois (2) couvert d'un banquier (3), et des quarreaux de soye ou autres pour s'asseoir quand en vient voir l'accouchée. » Près du dressoir était une petite table couverte d'une nappe fine, sur laquelle on plaçait l'hypocras et les tasses « de quoy l'on donne à boire sans les prendre au grand dressoir. » On offrait aux femmes qui venaient rendre visite des

---

(1) Le dressoir, nous venons de le dire, était couvert d'un dais ou *dossier* d'étoffe précieuse, cette étoffe devait avoir une bordure de même couleur ; les princesses ayant seules le privilége d'avoir une bordure de couleur différente.

(2) Appuis, bras.

(3) Etoffe qui recouvrait le siége.

dragées, des fruits confits et du vin (1), mais les hommes, quand même « le plus grand maistre du monde viendroit » n'en recevaient pas.

Les frais qu'occasionnait ce déploiement de luxe étaient énormes. Nous voyons, par exemple, Charles VI envoyer à Louys, le 16 mai 1390, 800 francs d'or pour « lui aider à soustenir les grans frais et despens qu'il lui faut faire pour la gésine de nostre très chière et très amée sœur la duchesse. »

« Christine de Pisan revint un jour stupéfaite d'une visite de ce genre qu'elle avait faite à la femme d'un marchand, non pas d'un marchand en gros, comme ceux de Venise ou de Gênes, mais d'un simple détaillant, qui vendait pour quatre sous au besoin. La dame, habillée d'une cotte de satin cramoisi, avait la tête et les bras appuyés sur des oreillers à gros boutons de perles orientales. Les choses n'avaient pas changé sous Louis XI (2). »

En 1468, *le spécule des pécheurs* disait : « l'accouchée est dans son lit, plus parée qu'une espousée, coiffée à la coquarde, tant que diriez que c'est la teste d'une marotte ou d'une idole. Au regard des brasseroles (3) elles sont de satin cramoisi, ou satin de paille, satin blanc, velours, toile d'or ou d'argent, ou autres sortes qu'elle sait bien prendre

---

(1) Les parentes et amies venaient à tour de rôle faire visite et, comme le dit M. Quicherat « mettre en train ces propos qui rendaient jadis *les caquets de l'accouchée* une chose proverbiale. »

(2) Quicherat *Histoire du costume en France*.

(3) Camisole à manches courtes.

et choisir. Elle a carcans autour du col, bracelet d'or, et est plus parée qu'idole ni reine de cartes. »

L'enfant qu'on portait au baptême était enveloppé d'un long manteau de velours fourré de menu-vair et couvert d'un voile de soie violette. Une *damoiselle* portait la queue du manteau. Au baptême d'un prince ou d'une princesse, trois gentilshommes, serviette au cou, portaient le cierge, le sel et le bassin. Quarante ou cinquante autres, portant des torches, ouvraient la marche. « A la relevée de toutes les princesses, dames d'Estat et banneresses ne doit avoir guaires de gens et se doibt faire bien matin selon les lieux là où l'on est et selon la coustume des Evéchez, et se doibt faire sans aller à l'église. Les princesses le font selon la coutume de la cour qui est toutte telle que les autres, excepté qu'à l'offrande l'accouchée offre une chandelle et une pièce d'or ou d'argent dedans, et un pain enveloppé dans une serviette, et un pot plein de vin. » Précédemment, les princesses « estoient assises sur leur lict, fort parées et ornées richement, et de là les prenoient princes ou chevaliers, et trompettes et ménestriers les menoient en la chapelle relever, comme si ce fussent esté espousées. »

Aliénor de Poitiers nous apprend ensuite, dans un chapitre spécial, la manière dont on portait le deuil « la reine de France, dit-elle, devoit demeurer un an en sa chambre sans la quitter. » Une fille portait le deuil de son père en restant six semaines dans sa chambre « tousjours couchée sur un lict couvert de drap blancq de toille et appuyée d'oreillers. »

« Item, en grant deuil, comme de mari ou de père on ne souloit porter ni verge (1) ni gants ez mains. Durant qu'on porte barbette et mantelet il ne faut porter nulles ceintures ni ruban de soye ne autre que ce soit. »

Les dames pouvaient assister au « service » de leurs père et mère, non de leur mari, à moins qu'il ne se fît après six semaines ; pour le mari on portait six mois le mantelet et trois mois la barbette, trois mois le noir, et toujours des robes fourrées de menu-vair (2).

Que si nous quittons les pompes officielles pour pénétrer dans l'intérieur des hôtels, nous savons comment était servie la table des princes. « Il faut avoir deux nappes, dont la première pende à deux costez aussi large qu'elle est... et avoir une salière couverte là où on met le sel dedans, et on met ladite salière au milieu de la table, et le pain auprès enveloppé en une serviette, et les tranchoirs d'argent. On en appuyera contre la salière jusques à quatre et non plus, et y faut deux petites escuelles d'argent au pied de la salière, où seront mis les essays (3) tout tranchés de pains pour faire la

---

(1) Bagues.

(2) Le deuil ne fut pas toujours porté ainsi. Nous voyons, en effet, dans le roman de *Raoul de Cambrai* qu'une femme assiste aux funérailles de son fiancé parée de ses plus beaux atours.

(3) L'essai des viandes et boissons, qui remonte à une haute antiquité, était fait par les officiers de bouche. Cet usage avait sa source dans la crainte continuelle des rois et princes d'être empoisonnés.

crédence (1) à chacun plat de viande quand ils seront posez sur la table.

« Item, sur la salière il y faut avoir une serviette ployée de la largeur d'une paulme, et ce mettra à deux costez aussy large que la table est large, car la salière doibt estre au milieu de la table.

» Item, en la serviette où le pain est enveloppé, il fault qu'il y aye avecq le pain une aultre serviette pour torcher les mains du prince ou de la princesse à leur disné.

« Item, il faut que le gaubelet couvert, ou une couppe soit sur la table, et une tasse auprès, pour faire l'essay à la couppe, et fault que ledit gaubelet soit au grand bout de la table. »

On dînait généralement vers dix heures et on soupait entre quatre et cinq heures. Les grands seigneurs, avant le repas, se lavaient les mains d'eau aromatisée, ou d'essence de rose. La serviette et le bassin étaient tenus par des gentilshommes. A chaque service on changeait les serviettes.

Les princes se donnaient le plaisir d'entendre de la musique pendant leurs repas ; ils faisaient aussi venir des baladins qui exécutaient leurs tours et leurs danses. Nul doute que pendant les séjours qu'ils firent à Coucy et à Chauny, le duc et la duchesse d'Orléans se fissent souvent divertir par les fameux singes de Chauny (1), ces habiles

---

(1) L'essai.

(2) Voir à ce sujet les travaux de MM. Ed. Fleury et J. Lecocq dans les volumes 1 et 2 [1873 et 1874] du *Vermandois*.

saltimbanques dont la réputation, au moyen-âge, s'étendait fort loin.

Dans les maisons princières, il y avait un chevalier d'honneur et une dame d'honneur, les « gentils femmes » s'appelaient « filles d'honneur de Madame et la vieille qui les garde se doibt appeler mère des filles. » La suite de Marie de Clèves se composait d'une cinquantaine de personnes, parmi lesquelles douze dames, damoiselles et femmes, trois pages, un maître d'hôtel, un aumônier, quatre « charretiers » ou cochers, quatre valets d'étable, deux folles, un fou, une naine, des médecins-chirurgiens et astrologues, des secrétaires, clercs et calligraphes, des huissiers, etc. Des détails très circonstanciés nous font connaître quel luxe fastueux lui permettaient ses immenses revenus.

La duchesse d'Orléans aimait beaucoup la chasse comme on le voit par ses dépenses en chevaux, lévriers et faucons. Elle avait un vif penchant pour la musique et les représentations dramatiques. Elle occupait aussi des peintres et notamment le célèbre artiste Jehan Foucquet. Elle était curieuse de toutes les nouveautés, mais sa passion la plus noble était celle qui l'animait pour la littérature. Dès son mariage, elle posséda une bibliothèque qu'elle accrut jusqu'à sa mort ; elle fit composer ou traduire des romans de chevalerie et parmi eux le *Chevalier du Cygne* ; elle était très libérale envers les écrivains. Elle avait pris de Valentine de Milan sa devise, un chantepleur avec « rien ne m'est plus, plus ne m'est rien. » Elle y joignit des pensées ; ses armes avaient pour support un cygne en souvenir du fameux chevalier sur lequel couraient tant de légendes et dont sa famille prétendait descendre.

Marie de Clèves, selon l'usage de son temps, accueillait et élevait auprès d'elle les enfants naturels de son frère Adolphe, de ses proches et de ses officiers (1). « Les bâtards, dit L. de Laborde (2), formaient autour de Philippe-le-Bon un tableau d'intérieur passablement bouffon. Cette petite famille, qui semble une école tant elle devient nombreuse, trouve dans l'affection de son chef une sollicitude traduite par les comptables de la façon la plus plaisante. »

La duchesse d'Orléans était généralement bonne, pieuse et douce. Ses largesses soulagèrent souvent l'infortune. « Il est juste de faire remarquer, dit Champollion, que tous les événements heureux pour la France se trouvent toujours célébrés dans les ouvrages de Charles d'Orléans.... La duchesse partageait ces sentiments de son mari. »

L'auteur de l'histoire de Louis XII, Saint-Gelais, nous raconte avec quels soins et quelle tendresse maternelle, Marie de Clèves s'occupait de l'éducation de son fils ; il ajoute : « Il ne fut onques une meilleure, plus doulce, humaine, ny charitable dame qu'elle estoit, ne qui mieux aye accomply en son vivant les œuvres de miséricorde. J'ay ouy

---

(1) Vallet de Viriville. — On sait combien le bâtard d'Orléans, Dunois, avait été aimé de Valentine de Milan à qui on l'avait « emblé ».

(2) Histoire des ducs de Bourgogne.

dire à gens dignes de foy, et **qu**i bien le sçavoient, qu'elle faisoit faire tous les ans à certaines bonnes femmes qu'elle avoit, et qu'elle mesme y besongnoit de ses propres mains, plus cinq cent chemises, et autant de robes, pour donner aux pauvres. Et si en la ville où elle estoit y avoit aucunes pauvres accouchées ou autres gens indigens, ils estoient nourris et alimentez de ses biens faicts. Et faisoit la dicte bonne dame ses aumosnes le plus secrètement et couvertement qu'elle pouvoit, pour éviter et fuyr vaine gloire. »

Il existe, à la Bibliothèque nationale, un manuscrit (n° 966, ancien 7,296) ayant pour titre : *La passion Nostre Seigneur Jésus-Christ translatée en françois*, sur le frontispice on voit les armes et les portraits du duc et de la duchesse d'Orléans ; Charles debout, Marie agenouillée, tous deux tenant un livre à la main. La duchesse était belle, elle est représentée grande, de noble figure, les cheveux très blonds. « C'étoit, dit saint Gelais, l'une des plus belles dames que l'on eust sçeu voir en nulle terre. »

Ayant des goûts artistiques et une fortune considérable lui permettant de les satisfaire, Marie de Clèves avait pu réunir, en bijoux, en argenterie, en tapisseries et en livres, une superbe collection qui ferait aujourd'hui les délices des amateurs. Une partie de ses richesses avait été amenée à Chauny et nous pouvons en avoir une idée suffisante en parcourant le trop sommaire inventaire qui en fut dressé par ses ordres, **en 1487.**

III

C'est l'inventaire des bagues et joyaulx, or, pierres, perles, vaisselles, tapisserie et livres de Madame la duchesse d'Orléans, de Milan, faict à Chauny le vi^e jour de juillet mil quatre cent quatre vingt et sept (1).

Bagues (2) *et joyaulx. — Pierres et perles,*

Primo ung reliquaire à fasson d'unes tablettes aux armes d'Orléans. — *Le ballais de la Treille* (3).

Une table de dyamant, nommé *le ban* auquel pent trois grosses perles.

Ung dyamant à fasses (4), deux rubiz, une grosse perle, le tout ensemble nommé *le loirre.*

Ung curedent auquel est mis en euvre ung diamant nommé *la lozenge* ; et une grosse pointe.

Ung ballais lequel pendoit à la troussoire (5), mis en ung reliquaire.

---

(1) Il existe plusieurs copies de cet inventaire, dont une porte la date du 27 juillet et non du 6. La plus ancienne est à la Bibliothèque nationale, Mss. fr. 22,335, fol. 253.

(2) La *bague* ou *diamant* n'était pas toujours un bijou à mettre au doigt ; bague signifia d'abord un coffret, puis les objets de prix serrés dans les coffrets [Quicherat, *Histoire du costume en France.*]

(3) Dans les comptes de l'argenterie des rois de France, il est souvent question de rubis balais, ou simplement de balais. Ces joyaux portaient presque tous un nom particulier.

(4) D'après l'*Art de vérifier les dates*, ce serait Agnès Sorel qui aurait imaginé de tailler les diamants à facettes.

(5) On appelait *troussoire* ou *troussere* la ceinture servant à trousser la robe.

Une grosse perle toute seulle.

Ung fermaillet (1) qui pendoit à la troussoire, auquel est ung gros dyamant en escusson, quatre grosses perles et trois petiz rubiz.

Une potanse de Saint Anthoine (2) en laquelle a cinq ballais et douze grosses perles.

Une grande croix toute de perles et rubiz et dyamans faicte de la troussoire.

Une grande roze de dyamans.

Cinq SS en chascune ung ballais.

Quatre lectres de dyamans, c'est assavoir S. L. R. M.

Quatre SS en chascune deux grosses perles.

Une troussoire d'or nommée *le baudrier*.

Deux grans ferrures d'or pour trousser.

Une chesne d'or pour trousser.

Une chesne de patenostres (3) d'or.

Une couronne d'or d'espousaige (4).

―

Vaisselle d'or

Une tasse couverte.

Une coupe couverte à fasson de chantepleure (5).

---

(1) On appelait ainsi une agrafe, une broche, un ornement quelconque servant à attacher un ornement ; les femmes en portaient parfois dans leur coiffure. On disait aussi : fermail, fremail, fermeillet, fermoillet, etc.

(2) C'était une croix en forme de T.

(3) Un chapelet.

(4) De mariage.

(5) La *chantepleure* était le robinet d'un tonneau ; une chantepleure avec la devise : rien ne m'est plus, fut la devise de la duchesse d'Orléans après la mort de son mari.

Une sallière.
Une cuillière.
Une preuvette.

Vaisselle d'argent

Une croix servant à la chappelle.
Deux calices desquelz Madame en a donné ung aux Croisiez.
Une sallière couverte à pié (1).
Une petite sallière couverte sans pié.
Une sallière quarrée à mectre les œufz.
Ung orangier.
Deux esguyères dorées (2).
Deux esguyères blanches.
Deux grans flascons.
Ung drageoir (3).
Deux grans potz.
Deux potz moindres.
Quatre potz encore moindres.
Deux chandelliers de la chapelle.
Deux chopinectes (4) de chappelle.

(1) A pied.

(2) Les aiguières étaient destinées à contenir de l'eau ou du vin. Elles étaient en général fort riches, émaillées de pierres précieuses et presque toutes étaient de véritables objets d'art. Aux siècles suivants, on en fit en faïence, notamment à Rouen, et il en existe de très remarquables en ce genre.

(3) Petite boîte qu'on pendait à la ceinture et qui contenait des dragées. On désignait encore ainsi des tasses de vermeil larges et plates dans lesquelles on servait des dragées à la fin des repas.

(4) Des burettes.

Deux benitoirs (1) dont l'ung a une esperges.

Deux boictes à mectre le pain à chanter dont l'une a une paix.

Ung ensensoir.

Une nef (2).

Dix tranchoirs.

Deux chauffoirs (3).

Trois sallières.

Douze cuillers.

Une quiquandemi.

Quatre bassins.

Trois flaccons.

Ung broc.

Ung poellon.

Ung grant cuiller.

Deux tasses dorées couvertes.

Six grans tasses à pié dont l'une est couverte.

Six tasses martelées à pié.

Six tasses pleines à pié.

Deux tasses martelées à pié.

Deux essais (4)

(1) Le bénitier avait généralement un manche ; l'esperge ou asperge était le goupillon.

(2) La *nef* était la pièce essentielle et le principal luxe de l'argenterie de table au moyen-âge. Suivant M. Douët d'Arcq, elle servait à contenir les épices et les conserves dont on faisait grand usage dans les repas ; selon Legrand d'Aussy, elle était destinée à contenir la salière du prince, sa serviette, etc. — Ce meuble ne servait qu'au Roi et aux grands seigneurs; il était soutenu par des pieds ciselés, et ressemblait, pour la forme, à un navire, d'où son nom.

(3) Sans doute des réchauds.

(4) Les essais étaient de petites coupes dans lesquelles les princes faisaient goûter les vins qu'on leur envoyait ou qu'ils allaient boire.

Neufs chandelliers dont les six en fasson de tournelles (1) et les trois en fasson de couronne.

Trente neuf platz dont l'ung est double.

Cinquante cinq escuelles (2) dont l'une est double.

—

Tapisseries

Item, une couverture tannée (3), fourrée de menu ver (4).

Item, une autre couverture noire et tannée fourrée d'ermynes (5).

Item, une couverture de vyolet fourrée de gris (6).

Item, une couverture d'escarlate rouge fourrée de menu ver.

Item, une coultepointe (7) blanche à chantepleurs et à larmes.

Item, trois loudiers (8) garnis de taffetas rouge.

---

(1) Petites tours.

(2) Il y en avait qui pesaient presque deux marcs. Quelques unes avaient des oreillons.

(3) De couleur fauve, alors très à la mode.

(4) Le *menu vair* était une fourrure composée de poils gris bleuâtre et blanc.

(5) L'hermine était un insigne. Les ducs en portaient à leurs manteaux par dedans et par dehors.

(6) Poil de petit gris, écureuil du Nord, à robe cendrée, brune ou noire.

(7) La *coultepointe* était faite d'étoffe quelconque mise au double et rembourrée de coton.

(8) Les *loudiers* ou *ladiers* étaient des coultepointes en poils de divers animaux.

Item une chambre de tapisserie (1) nommée *la Héronnière*, contenant ciel, dossier, couvertures et cinq partie de mesmes.

Item, la chambre des *Joustes*; ciel, dossier et couverture de mesmes; et quatre tappis pour le tour de la chambre.

Item, la chambre d'Engleterre de velours cramoisy, contenant ciel, dossier et couverture de mesme. Et huict tappis pour le tour de la chambre.

Item, la chambre de drap d'or à rozes. Ciel, dossier, et une couverture de drap d'or qui n'est pas de mesmes.

Item, la chambre de verdure (2) contenant en ciel, couverture et tour de la chambre dix pièces.

Item, la chambre aux estoilles.

Item, ung pavillon (3) de soye verd.

Item, ung autre pavillon de taffetas verd carré à poincte et garny de franges.

Item, six custodes (4) de taffetas verd garnyes de bouches.

---

(1) Le mot *chambre* signifie l'ensemble des étoffes et tapisseries qui garnissaient les murs et les lits d'une chambre à coucher. Le *dossier* se composait des rideaux du lit.

(2) Ainsi nommée parce que les tapisseries représentaient des paysages où le vert dominait.

(3) Le *pavillon* était une enveloppe qui recouvrait les armoiries des princes et des grands, lesquels avaient seuls le droit de porter pavillon.

(4) Par *custode* on désignait ou les rideaux d'une chambre ou la housse d'un meuble.

Item, trois courtines de l'oratoire de feu Monseigneur, de taffetas rouge renforcé.

Item, deux courtines de taffetas rouge lesquels l'on faict servir à la chambre de drap d'or.

Item, quatre courtines de taffetas jaune de petite value (1).

Item, deux courtines bleues de petite value.

Item, quatre courtines my parties noir et jaune.

Item, ung pavillon de sarge (2) blanc, rouge et verd.

Item, ung pavillon de serge noir et jaune pour son lit de camp (3).

Item, ung daiz de drap d'or cendré et ung drap de cheirre (4) de mesmes bordé de velours bleu.

Item, un daiz nommé *le daiz des Visses* portant les armes d'Orléans.

Item, le drap de cheirre.

Item, un daiz de velours noir et jaune.

Item, ung drap de cheirre de velours noir de petite value.

Item, deux grans pièces de tapisserie, l'une nommée *le petit saint Loys*, et l'autre *le petit Charlemagne*.

Item, deux autres grans pièces de tapisserie qu'on nomme *les sacremens*.

Item, quatre pièces de la tappisserie de *gezens* (5).

---

(1) Valeur.
(2) On employait surtout la serge pour les rideaux de fenêtres.
(3) Lit portatif dont on se servait en voyage.
(4) *Chaière, chaère, chaire*, chaise ou fauteuil à dos sculpté, arrondi en voûte à son extrémité supérieure.
(5) Les noms de ces diverses tapisseries sont évidemment tirés des sujets qu'elles représentent.

Item, six pièces de bocherons (1) dont les trois sont plus grandes que les autres.

Item, dix tappis velus. C'est assavoir : trois grans, trois moiens, et quatre petitz.

Item, trois bancquiers (2) de tapisserie.

Item, six carreaulx (3) de drap d'or cramoisy doublés de camelot (4).

Item, cinq carreaulx de drap d'or vyolet à deux endroiz tout de mesmes.

Item, quatre carreaulx de drap d'or sur brun vyolet.

Item, trois carreaulx de drap d'or bleu, dont les deux sont de mesmes et l'autre doublé de camelot bleu.

Item deux petiz carreaulx d'or tout ung.

Item, deux grans carreaulx de viel drap d'or cramoisy.

Item, deux carreaulx de drap d'or gris.

Item, deux grans carreaulx de veloux noir à SS jaunes, dont l'ung est tout de veloux et l'autre doublé de cuir noir.

Item, deux grans carreaulx de sattin figuré à SS doublé de cuir noir.

Item, deux grans carreaulx de veloux noir dont l'ung est tout de veloux et l'autre de cuir.

Item, quatre carreaulx de sattin figuré, doublé de cuir noir.

(1) Des bûcherons.
(2) Pièces d'étoffe recouvrant les bancs qui ressemblaient un peu à nos canapés, avec bras et dossiers.
(3) Coussins carrés, pour s'asseoir ou s'accouder.
(4) Le camelot était une étoffe recherchée et de haut prix.

Item, quatre carreaulx de veloux gris doublé de cuir.

Item, quatre carreaulx de damas gris qui ne servent plus de rien.

Item, six carreaulx de ostade (1) bleue garnis de cuir rouge, qui ne vallent plus guères.

Item, ung carreau de veloux bleu doublé de cuir noir, et ung autre tappis velu de lene (2) jaune.

Item, quatre pièces de grosse sarge, noire et tannée, pour tendre un retraict et le pavillon de mesmes.

Item, ung viel pavillon de sarge rouge.

Item, six carreaux de verdure qui sont de petite value.

Item, la tapisserie nommée *aux larmes et chantepleures* pour tendre salle et chambre ; contenant vingt-deux pièces que grans, que petiz, ciel et dossier.

Item, ung pavillon de drap rouge et jaune.

Item, une couverture de charriot qui est de drap d'or, noir et vyolet, à la vieille fasson.

Item, deux autres couvertures de charriot, de sattin, figures à SS, au fons jaune sans avoir pendans.

Item, une chambre de sarge violette, de nulle value, laquelle on a despeschée à faire des couvertures pour les femmes, et le prieur des Croisiez a le demourant.

---

(1) L'*ostade* ou *estame* était une étoffe de laine dont on ne se sert plus aujourd'hui.
(2) Laine.

Item, un meschant ciel de verdure avec deux meschans pièces pour dossier et pour ruelle, lequel ciel et dossier a esté apporté de Coucy.

Item, ung daiz de drap de damas noir qui est de petite value.

—

Livres

Trois des quatres volumes du miroir ystorial et mons^r de Dunois a l'autre (1).

Item, Ovide, Methamorfozes.

Item, la légende dorée.

Item, le livre de la naissance de toutes choses.

Item, le livre de la vie des Pères.

Item, la somme le Roy, autrement des vices et des vertus. Et la vie de sainct Denys tout en ung livre.

Item, ung livre des Evangilles de Circulo, en lectre ancienne, d'or en partie et ystorié en plusieurs lieux (2).

Item, le livre de la Bible où est soutenu le fait des Appostres et la Pouzalice (3),

Item, ung livre qui est ystorié à la vielle fasson, qui se nomme les commandemens, vices et vertus.

Item, le livre de la Passion.

Item, ung livre qu'on appelle les voyes de Dieu.

---

(1) Dunois était le bâtard du duc d'Orléans assassiné sous Charles VI.

(2) Il s'agit probablement ici d'un de ces charmants manuscrits décorés de gouaches souvent gracieuses et naïves qui font encore la juste admiration des artistes et des amateurs.

(3) L'apocalypse ?

— 41 —

Item, ung autre livre qu'on nomme le chappelet de virginité.

Item, le livre de Tristan, qui contient deux volumes.

Item, Cleriadus et Meliadice.

Item, les espitres de Moson.

Item, le livre des quatre dances.

Item, le livre du petit Saintré.

Item, le livre de Bonne d'Antone.

Item, le livre de Lancelot.

Item, le livre des filles.

Item, le livre de Troylus.

Item, le débat de maistre Jehan de Mun.

Item, le livre du Dé.

Item, le livre des Ballades.

Toutes lesquelles choses dessus déclairées tant en or, argent, pierres, perles, tapisserie et livres, madicte dame la duchesse a dit et déclairé en la présence des Messeigneurs Jehan, s^r de Savenges, Claude de Rabondanges, s^r de Thun, Rodrigues de Fonssecques, s^r de Bernezay, maistre d'hôtel de mad. dame, Maistre Jehan Prevost, docteur en théologie, gardien des Cordelliers de Noyon, Guillaume Cornet, Baude Mancel, docteurs en médecine, Nicolas de Nonnuel, trésorier, Maistre Jehan Roussel, secrétaire d'icelle dame, et nous Jehan de Behencourt et Charles Grelot, tabellions royaux soubscrips que elle n'avoit ne a aultres bagues, joyaulx, tappisserie, ne livre pour ceste heure, en sa possession, que les dessus déclairez. Et a voulu et ordonné, veult et ordonne icelle dame que nul de ses serviteurs, tant hommes que femmes, ne soit pour aultre chose contraint à rendre compte et reliqua, ains qu'il apperra que chacun desdits serviteurs en droit soy en ait la garde et charge, jusques à la conclusion des choses dessus dictes. Et en temps qu'il pourroit apparoir par autres inventaires faitz paravant ce présent d'autres bagues et joyaulx, lad. dame a dit et déclairé que se aulcune chose en est aliénée, changée ou muée, qu'elle en a fait et disposé à son bon plaisir et voulenté, comme faire le povoit. Et ne veult que pour ce en soit demandé aulcune chose à ceulx qui en avoient eu la charge et gouvernement. Mais les en a quictiez et deschargiez, quicte et descharge pardevant nous tabellions dessus nommez, et nous Guillaume le Normant, licencié en lois, conseiller du Roy et de mad. dame, et garde du scel de la baillie de Vermandois estably de par le Roy nostre dict seigneur à Chauny, et à la relacion d'iceulx tabellions avons mis à ce présent inventaire contenant cinq feuillets de parchemin escrips le scel de lad. baillie. Et fut fait l'an et jour que dessus.

Saint-Quentin. — Imp. Ch. POETTE, rue Croix-Belle-Porte, 19

www.ingramcontent.com/pod-product-compliance
Lightning Source LLC
LaVergne TN
LVHW021705080426
835510LV00011B/1589